교
토

수
집

교토 수집

그림 · 글 이희은

북노마드

2 ——————— 그
곳,
사
람
들

CIRCUS
COFFEE

N
G

青

Bree

おうちじかん

木 木 小

rit

コーヒー坊や

mole

dd

cacotc

STARDUST

AMURA
AL STORE

pa
noch
har

UCHU

100000r
alonetoco

kitone

BROWN

Routes*Roots

мoя
pyka

Flip up!

明a

アカツキコーヒー

THE
SOUVENIR
STORE

들어가며

교토 수집의 시작

어느 곳에서나 동네 구경은 재밌다.

관광객의 소란스러움이 거의 미치지 않는 동네를 걷노라면 문득
집 앞에 잠깐 나온 듯한 기분이 든다. 이러한 거리에서 마주치는
주민들의 모습을 취재하는 것이 재미있다. 취재라고 해봐야
풍경을 사진에 담는 것뿐이지만, 각자의 이야기에 시간이 쌓여
만들어지는 장면에는 일부러 연출해서는 표현할 수 없는 묘한
분위기가 있다. 지구 곳곳에 내가 알지 못하는 이런 '장소'가
존재한다고 생각하면 당장 여행을 떠나지 못하는 현실에 마음이
조급해진다.

내가 태어나 자라지 않은 곳에서 느끼는 이질감, 어느 순간
그곳에 젖어들 때의 편안함. 그런 발견을 기록해 수집하고 싶다.
낯선 장소를 '내 모습으로 편하게 있을 수 있는 동네 어디쯤'으로
만들어가고 싶다는 마음에서 나의 '도시 수집'은 시작되었다.
처음 교토를 수집해야겠다고 마음먹은 계기는 사실 잘

기억나지 않는다. 적어도 2주 정도는 머무를 수 있는 도시, 크게
마음을 다잡지 않아도 떠나기 좋은 가까운 거리가 이유라면
이유랄까. 달력에서 여행하기 좋은 계절의 달과 날짜를
적당히 골라잡았다. 초여름에 떠나기로 계획하고 그로부터
넉 달을 기다려 교토의 가을을 맞이했다. 새로운 도시를 향한
기대감으로 그 시간을 보냈고, 그러는 동안 교토는 나의
이상형으로 자리 잡았다. 2주 일정으로 떠난 첫 여행에서는
교토와 도쿄를 사이좋게 일주일씩 나누어 여행했다. 교토에
반해 내 마음을 다 줘버린 탓일까. 후반부 도쿄 여행은
일정 내내 지루했다.

돌아온 후에도 마음속에서 한껏 부풀고 미화된 첫 번째 교토의
기억을 다잡고 새로운 영감을 얻기 위해 나는 다시 한 번 교토에
가기로 했다. 지난 여행의 여운이 진하게 남아서인지 시기도
비슷했고, 심지어 날짜도 비슷했다. 그렇게 나는 두 번째 교토를
향해 가고 있었다.

1

처음 만난 도시

교
토
의   첫
인
상

교토의 첫인상을 나는 이렇게 기록해놓았다.

'교토는 굉장한 매력을 가진 도시다.

시장과 신사와 하이엔드 옷가게와 백화점이 함께하는 신기한 거리.

가게 하나하나마다 정성 들여 만들었음이 느껴진다.

자전거와 사람, 자동차가 유기적으로 공존하는,

복잡하고 까칠하지만 규칙이 있고 예의바른 곳.'

교토는 수많은 골목을 품고 있다. 복잡할 법하지만, 정리가

극도로 잘 되어 있어 이곳에 사는 사람이건 이방인이건 누구나

공존할 수 있는 곳. 현관문을 열면 닿을 거리에 버스가

지나다니지만, 그 좁은 도로를 버스와 자전거와 사람이 조화롭게

공유하는 곳. 심지어 평화롭게 느껴지는 곳.

낯선 곳에서 온 이방인은 그 흐름을 깨지 않으려 조심할 뿐이다.

시간의 가치가 어느 때보다 우위에 있는 여행지에서 아침을
한껏 낭비하기로 했다. 세 끼 중 아침 식사를 가장 중요시하는 나는
느지막이 일어나 커피를 내리고 담백한 빵을 구워 약간의 과일과
함께하는 시간을 좋아한다.

교토에 머무는 동안에도 모두가 나갈 시간에 일어나 끼적일
도구를 챙겨 넣은 작은 손가방을 들고 공용 부엌으로 내려가곤
했다. 간단한 뷔페로 차려진 테이블에서 빵, 삶은 달걀, 채 썬
양배추를 그릇에 덜고, 근처 슈퍼마켓에서 사다놓은 사과, 일회용
드립커피를 자리로 가져다 놓으며 하루를 시작했다.

아침마다 조금씩 글을 썼는데, 하루 중 가장 할 말이 많을 때였는지
글이 제법 써졌다. 고소한 빵 냄새와 커피 한 잔, 내 생각이 담긴
몇 줄의 글이 더해지면, 참으로 사치스러운 아침이다.

여행지에 도착하면 일단 서점으로 향한다.

여행지 서점에서는 한국에서 출간된 가이드북에는 나오지 않은
지역 소식과 새로 문을 연 가게 정보를 얻을 수 있다. 나와 취향이
겹치는 잡지나 책을 사서, 거기에 소개된 곳을 찾아다니다 보면
생각지도 못했던 또 다른 장소로 이동할 수 있다. 그렇게 우연히
마주한 가게에서 잡지나 지역 뉴스에 소개되지 않은 마켓 정보나
로컬 숍들이 깨알같이 그려진 지도를 얻는 행운이 따르기도 한다.
포털사이트에 의존하는 여행으로부터 벗어날 수 있는 나만의
방법은 여행지의 서점을 찾아가는 것. 내 취향에 초점을 맞춰
도시를 수집하는 방법이기도 하다.

케이분샤를 찾아

이치조지

도쿄에는 기치조지吉祥寺라는 동네가 있다. 조용하지만 곳곳에
좋은 느낌의 가게와 카페, 공원이 있어서 현지인 사이에서도
살고 싶은 동네로 손꼽히는 곳이다.

교토에도 비슷한 느낌의 동네가 있는데, 이름도 유사한
이치조지一乘寺다. 이치조지를 처음 찾아가게 된 건
케이분샤惠文社라는 서점에 방문하기 위해서였다. 동네 서점이라고
칭하기에는 규모도 크고 취급하는 소품도 다양해서 접근성이
좋지 않은데도 불구하고, 새로움을 찾는 여행자가 일부러 찾아오는
것으로 잘 알려진 곳이다. 이따금 가게 옆 공간에서 열리는
전시도 보고, 감각 좋은 생활 소품도 판매하기에 둘러보는 재미가
쏠쏠하다. 조금은 어둡고 조용한 실내 분위기 속, 따뜻한 기운의
조명과 책에 둘러싸여 몇 시간이고 흥미로운 발견을 즐길 수 있다.

그러나 이치조지도 시간이 가져오는 변화를 거스를 수는 없는
법. 이곳에 조용하고 착실한 느낌을 가진 작은 가게들이 천천히
생겨나고 있다. 안락한 책방, 그리고 이를 둘러싼 동네의 작은
들썩임이 그 분위기를 잃지 않도록, 오래오래 함께하기를 바란다.

けいぶん社

일본의 도시마다 단 하나의 지점을 운영하는 라이프스타일 편집

매장 디앤디파트먼트d&department는 중심가보다는 지역민의 삶과

가까운 곳에 매장을 열고, 각 지점마다 독립적으로 운영하는 것이

특징이다.

디앤디파트먼트 교토 점은 파격적이게도 사찰 내부에 자리하고

있다. 절과 디자인 편집숍이 이렇게 잘 어울린다는 것은 예전에

미처 몰랐을 정도로 두 공간의 합이 절묘하다. 지역 특산품을

중심으로 엄격한 기준으로 선정한 제품들이 알차게 구성되어서

평소 제품 구매에 신중한 나조차 조금은 느슨한 마음으로

물건을 골랐다. 어떤 이에게는 이곳의 제품이 다소 비쌀 수도

있겠지만, 좋은 제품을 알아보는 심미안, 그 제품이 소비자에게

도달하기까지 꼼꼼한 검증과 수고가 더해진 가격이라고 생각하면
아깝지 않다.

가게 옆 식당에서의 시간도 상당히 만족스러웠다. 신발을 벗고
다다미로 올라 서양과 동양의 중간쯤 되는 낮은 테이블에 앉으면
격자 나무창 너머 교토의 계절감이 한눈에 들어온다. 가을에
찾아온 여행자를 위해 교토는 커다란 은행나무가 떨군 노-오란
은행잎을 실컷 선물해주었다. 빙수를 먹으며 드나드는 바람을
느껴도 좋을 것 같은 이곳의 초여름 정취도 기대된다.

낯선 곳에 믿을 만한 장소를 두고 있다는 것은 마음 한구석이
든든해지는 일이다.

교토에서는 어느 가게를 찍든 사진에 자전거가 담긴다.

가게 주인의 통근용 자전거인지, 잠시 세워둔 손님 자전거인지는
모르지만 거리의 풍경마다 자전거가 있다. 교토의 작은 골목들은
교통수단이 지금처럼 발달되기 전부터 조성되었다고 한다.
그 좁은 골목을 걸어 다니거나 자전거 같은 날렵한 교통수단으로
다녔을 것이다.

이 도시에서 사람들은 어디든 자전거를 타고 나타난다. 거리는
흡사 '생활의 달인' 자전거 편처럼 느껴진다. 마치 자전거가 자신의
신체 일부인 양 능숙하게 자전거를 몰고 지나가는 중년 여성에게서
몇 십 년 전 교복을 입고 페달을 힘차게 밟으며 내달리는 학생 시절
그녀의 모습이 겹쳐 보인다.

자전거가 익숙하지 않은 나는 주로 걷거나 버스로 이동했는데,
다리가 피곤해지는 늦은 저녁이 되면 골목 끝에서 차르륵차르륵
체인이 감기는 소리를 내며 자전거를 타고 지나가는 퇴근길
라이딩이 무척 부러웠다. 다음 교토 여행에는 한적한 골목에
차르륵 소리를 채우며 달려봐야지.

걷는 속도로 만나는 도시

교토의 골목에는 자전거를 탄 속도로 보기에 아쉬울 만큼 숨겨진
공간이 많다. 자동차가 다니기 어려운 좁은 골목에 모여 있는
작은 공방들과 가게들은 마치 숨바꼭질하듯 자신을 발견해주기를
기다리고 있었다. 뭐랄까. 가게가 손님을 선택한다고 할까. 대도시,
대형 건물, 권리금이 오가는 1층에 '노출'된 가게에 익숙한 나에게
손님과 가게가 서로를 선택하는 교토의 작은 가게는 한없이 멋져
보였다. 자신의 가치를 알아보는 이들이 와주기를 기다리며
골목 구석구석에서 묵묵히 자신의 일을 하는 가게들을, 나 역시
열심히도 찾아다녔다.

골목을
돌고 돌고 돌고

가게라고는 전혀 없을 것 같은 한적한 주택가 골목. 작은 간판이
보이고, 문 안쪽으로 걸어 들어가다가 오른쪽으로 한 번 꺾어
들어간 곳에 가녀린 불빛을 내비치고 있는 문구점을 발견했다.

미닫이문을 조심스레 열고 들어가니 아담한 가게 안에는 간결한
디자인의 종이 문구류가 줄지어 놓여 있다. 편지지, 달력,
메모지…… 감각적인 그래픽으로 수놓은 전통 패턴이 어우러진
종이 문구들을 보자 한두 개만 고르고 나가려던 나의 계획이
어그러졌다.

지나가는 손님이 우연히 들어올 확률조차 없을 것 같은 곳에 자리한
문구점에는 꾸준히 손님이 드나들었다. 모두 나처럼 골목을 돌고
도는 수고를 마다하지 않은 이들이리라. '기뻐하다嬉く'라는 단어와
발음이 같은 '우라구裏具'라는 가게 이름처럼, 소중한 사람에게 기쁜
마음을 전하는 도구를 제안하는 브랜드의 생각이 매장 곳곳에
묻어났다.

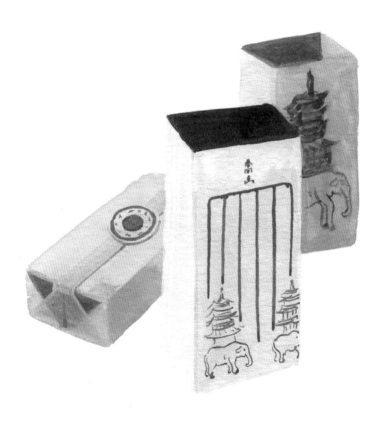

간절한 사람 눈에만 보이는

구글 지도가 알려주는 위치를 몇 번이고 확인해가며 골목을
돌아봤지만 카페가 있는 흔적은 없었다. 텅 빈 주차장 말고는
아무것도 없는 장소를 여러 번 되짚어 찾아봐도 마찬가지였다.
첫 번째 탐방은 결국 거기서 마쳐야만 했다.

다음 날 새로운 마음과 눈빛을 장착하고 다시 그 장소를 찾아갔다.
꼼꼼히 지도를 살피며 왔지만 어제와 같은 위치의 주차장에
도달했다. '이번에도 실패구나'라는 허탈한 마음을 안고 다시 한 번
안쪽을 살피던 순간, 주차장 안 깊숙한 곳에 불빛이 켜진 건물이
보였다. 어제도 분명히 이 안쪽까지 살펴봤었는데! 어두웠던
내 눈을 탓하며 주변을 살피니 주차장 입구에 'coffee'라고 쓰인
조그만 벽돌이 보였다. 이 역시 어제는 보지 못했다. 그렇다.
어제는 휴무일이었던 거다.

앙증맞은 이정표를 귀여워하며 카페로 향했다. 2층짜리 아담한
건물 1층에 자리 잡은 두세 평 남짓한 공간. 가게 앞쪽에 정원을
갖춘 모습을 보니 본격적인 카페라는 생각이 들었다. 정원 옆으로
두 명 정도 앉을 수 있는 자리가 마련되어 있지만, 탁 트인 하늘을
마주하고 커피를 즐기려면 주차장 아무 데나 걸터앉는 편이 더
좋을 듯했다.

여행용 트렁크와 함께 온 손님이 바 앞에 서서 바리스타가 내려준
커피를 마시고 있는 모습을 보니 교토식 에스프레소 바 같다는
느낌도 든다. 텅 빈 주차장에서 바라보는 하늘을 즐기려면 아침
일찍 움직여야 한다. 오후의 주차장은 차가 가득 차서 카페가
어디에 있는지조차 보이지 않으니. 언제나 24시간으로 모자란
여행객에게 너그럽게도 이곳의 오픈 시간은 아침 7시 반이다.

평소와는 전혀 다른 일탈, 새로운 경험을 느끼는 여행보다는
장소만 바뀐 채 일상처럼 지내는 여행을 즐긴다. 내 앞에 주어진
시간과 공간을 일상적인 감각으로 느껴보며, 그 도시와 내가
속했던 도시의 다른 점과 같은 점에 대해 생각한다.

이곳의 일상을 조금 더 면밀히 겪어보고 싶기에 차를 타기보다는
두 발에 의지한 채 주택가 골목과 공원을 돌아보거나 동네
시장에서 흥미로운 가게를 발견하며 떠돌아다니곤 한다.

해가 질 무렵 백화점 지하에서 저녁 찬거리를 준비하는
아주머니들과 어깨를 부딪히며 마감 세일로 나온 초밥 세트를
사는 것은 하루 끝의 낙이랄까!

다른 곳에서 맞이하는 일상

車庫

숙소에서 제공되는 조식은 무료인 데 비해 훌륭하다. 빵도 몇
종류 있고 단백질 섭취를 위한 달걀에 샐러드, 가끔은 카레나
소시지가 등장하기도 한다. 매일 반복되는 조식에 질릴 때면
숙소 근처에 있는 빵집으로 슬슬 아침 산책을 나선다. 칼로리는
모르는 척하고 싶은 초콜릿 크루아상을 파사삭 한 입 베어 무니,
이 집의 실력을 단번에 알겠다. 우리 집 옆에 바짝 붙여두고
아침마다 달려가고 싶은 빵집이다.

작
고
소
중
한
동
네
빵
집

카
페
말
고

킷
사
텐

'coffee'라고 쓰인 아이보리색의 아담한 건물에 빨간색, 초록색
스트라이프의 차양이 귀엽게 어울린다. 그걸 보니 절로 걸음이
멈춰졌다. 가게 안을 살짝 들여다보니 동네 어르신 몇몇 분이
앉아 카레같이 보이는 음식을 드시고 계신다. 동네 사람들이 즐겨
찾는 사랑방 같은 분위기다. 카페 말고 킷사텐(喫茶店, 찻집)이라
부르고 싶은 곳. 가게 외관을 사진으로 담고 떠날 수밖에 없는
상황이었지만, 다음에는 꼭 지나치지 않고 들어가 '자넨 어디서
왔나'라는 소리를 들어볼 참이다.

혼자 하는 여행은 장점이 많다.

우선 모든 결정에 대한 책임과 결과는 나 혼자의 몫이다.
나의 결정에 반대하는 사람도 없고 아쉬운 결과가 생겨도 누구
하나 불평하지 않는다. 그 때문에 즉흥적인 결정을 내리기에
부담이 없다. 괜찮아 보여서 들어간 식당의 음식이 생각보다
별로여도 여길 가자고 우긴 사람을 원망할 필요도, 눈치 볼 필요도
없다. 책임의 무게가 가벼운 유연한 여행인 셈이다.

또, 누군가와 함께일 때보다 시간의 활용도가 월등히 높다.
동행자를 기다리는 시간, 별로인 것을 견디는 시간, 사소한
갈등을 해소하는 시간을 가질 필요가 없으니 여행하는 시간을
효율적으로 사용할 수 있다. 일행과 함께였다면 주어진 시간을
적절히 나누어 써야 평화로운 여행이 가능할 테지만 혼자서는
그 시간을 꽉꽉 채워 나만을 위해 쓸 수가 있다는 말이다. 배가
별로 고프지 않으면 점심은 건너뛰어도 그만이고, 멀지만
궁금했던 카페에 굳이 찾아가겠다고 고집을 부려도 기꺼이
이해해줄 수 있다.

가장 중요한 점은 글을 쓰고 생각하는 데 시간을 절대적으로
많이 쓸 수 있다는 사실이다. 이건 동행이 한 명만 있어도 거의
불가능한 일이다. 일단 일행이 있는 여행은 '상대와의 대화'라는
암묵적인 과제가 주어지기 때문에 오랜 시간 입을 닫고 있기
어렵다. 물론 동행과의 대화는 즐거운 일이다. 하지만 내 경우
자신과의 대화를 나누기에 일상보다는 낯선 여행지가 훨씬
수월하기에, 여행에서 보내는 혼자만의 시간이 소중하다.

무엇보다 여행 내내 본인의 의사를 계속해서 묻고 살피며 나의
의견을 최우선으로 하게 되니, 평소 스스로의 감정을 살피는 데
소홀했던 나를 만회해볼 수도 있다. 이번 여정에서 역시 지난
일 년 동안 나눈 것보다 더 많고 깊은 나와의 대화를 나눴다.

그리고 빼놓을 수 없는 장점, 어느 곳에 가나 딱 하나 남은 자리는
언제나 혼자 온 손님의 몫이라는 사실!

늦은 점심으로, 고로케

식사하려면 보통 전화로 예약을 해야 한다는 식당 앞을
지나다가 혹시나 하고 자리가 있을지 물었다. 한 시간 후라면
한 자리가 가능하다는 대답이 돌아왔다. 마침 근처를 배회할
계획이었으므로 얼른 예약을 한다. 시간에 맞춰 다시 가게로
돌아왔다. 이곳에서는 샐러드와 고로케 두 개가 포함된 런치
메뉴가 인기 있었는데, 고로케는 여러 종류 중에서 고를 수
있어 범상치 않은 맛의 고로케를 골라봤다. 샐러드와 갓 튀긴
고로케가 예쁘게도 내 앞에 등장했다. 늦은 점심시간, 나를 위해
남겨진 한 자리에 앉아 눈앞에서 튀긴 고로케를 바로 받아먹는
맛은 역시 최고였다.

차를 서너 번 우리는 시간

어릴 적에 친구들에게 시원스레 밝히지는 못했지만, 사실 나는
초콜릿보다 양갱을 좋아한다. 교토에서도 양갱 사랑은 이어졌는데,
생활감이 느껴지는 조용한 동네 거리에서 작품에 가까운 양갱을
만나고야 말았다. 그 이름도 생소한 '카자리캉ゕざり羹', 장식이라는
의미의 카자리飾り, 양갱을 뜻하는 요우캉羊羹이 합쳐진 단어로 장식이
올라간 양갱이다. 쇼케이스 속 케이크처럼 고즈넉한 나무 테두리가
둘러진 유리 장식장 속 도자기 그릇마다 양갱이 하나씩 올라가 있다.
그 고운 자태를 보니 하나를 고르기가 너무 어려웠다. 결국 설명을
하나하나 읽어내려간다. 말차와 생크림, 깨라고 쓰인 맛 설명에
주저하지 않고 짙은 녹색 양갱을 골랐다. 이와 잘 어울리는
호우지차를 몇 번이고 우려내어 혼자만의 차 시간을 오래도록
즐겼다.

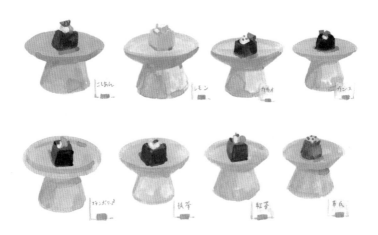

무작정 길을 걷다 보면 툭툭 말을 걸어오는 가게가 있다. 외관이
근사해서 눈길을 끈다기보다는 무언가 할 이야기가 있어 보인다고나
할까. 숙소 근처의 저렴한 과일 가게, 직장인들의 점심 식사를 도맡은
듯 북적이는 식당, 시장 안 고집 있어 보이는 자가배전 커피 가게…….
계획 없이 걷다 이런 풍경을 만나면 나만의 지도를 만들고 싶어진다.
교토에 와보니 일본 드라마 〈고독한 미식가〉의 주인공 고로 씨가
작은 상점가를 좋아하는 이유를 알 것 같다.

숙소로 돌아오는 길, 과일과 채소를 파는 가게를 발견했는데
입구에서 풍겨오는 기운이 심상치 않다. 퇴근 시간 직장인들이
지나다가 하나둘 가게로 빨려들어 가는 것 아닌가. 너도 나도
입장하는 분위기에 나도 이끌려 들어가 사람들 틈을 힘들게 헤치고
미니 사과와 귤 한 봉지를 집어 들었다. 신선한 사과는 이른 아침
식사로 베어 물고, 귤은 산책길에 한두 개씩 가지고 다니며 잘 먹었다.

여행 내내 계획되지 않은 산책은 계속된다. 일부러 가보지 않은

골목만 골라 이리저리 헤매본다. 걷다 지칠 때쯤 지도에
표시해두었던 중고 책방에 찾아갔다. 나는 이곳에서 난생처음
레코드판을 구입했다. 순전히 앨범 커버의 색 배치가 마음에 들어
골랐을 뿐인데, 뒷면을 보니 류이치 사카모토가 디렉팅했다는 것
아닌가?! 순간 그 앨범에 사로잡혀 누가 먼저 채갈까 얼른 손에
쥐었다. 사실 내게는 레코드플레이어가 없기 때문에 이 500엔짜리
레코드판을 언제쯤에야 재생해볼 수 있을지 알 수 없다. 당장은
확인하지 못하는 레코드는 외려 기대감이 되어 책장 한편에
자리를 잡았다.

여행의 진정한 묘미는 계획한 곳을 모두 섭렵하는 정복감보다는
내 발과 감각으로 찾아낸 '나만의 장소'를 발견하는 데 있지
않을까. 그런 곳을 기록하고 오래 보려는 마음이 도시를 수집하는
출발점이 됐다.

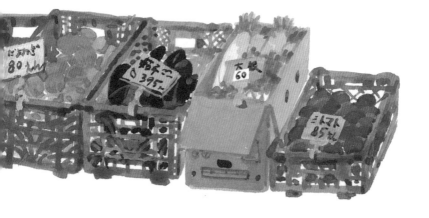

최근에는 우리나라에도 자신만의 매력을 가진 가게가 많이
생겨나고 있는 것 같다. 본인만의 목소리로 명확한 이야기를
풀어내는 가게가 많지만, 화제가 되고 눈에 띨 만한 요소만을
강조한 알맹이 없는 가게도 많다.

교토 거리에는 전통적인 모습을 지켜나가려는 도시의 공통된
지향점이 있어서인지 눈에 띄게 거슬리는 가게는 없었다. 거리와
어우러지면서 자신을 지나치게 내세우지 않는 가게, 하고 싶은
이야기를 자연스러운 방식으로 전하는 가게 앞에서 자꾸 걸음이
멈춰졌다.

일반 가정집처럼 생긴 가게에 호기심을 품고 문을 열어보는 용기,
건장한 남자 손님들로 가득한 라멘 가게의 열기에도 지지 않고 밀고
들어가는 용기, 어느 가게 입구를 가득 메운 현지인들 속으로 비집고
들어가 함께 북적여보는 용기. 알맞은 타이밍에 꺼낸 작은 용기로
즐거움의 스펙트럼을 조금씩 넓혀간다.

가정집같이 생긴 가게는 안팎을 유심히 살펴보고 들어갈지
말지를 결정하면 그만, 일부러 찾아간 라멘 집에서는 일단 문을
열고 들어가면 프로페셔널한 점원이 내가 앉을 자리 하나는 금세
만들어줄 테고, 현지 사람들이 모여 있다면 그건 모르긴 몰라도
대이득의 찬스쯤 될 테니 일단 뛰어들고 볼 일이다.

어느 날 꺼내본 작은 용기들이었다.

녹진하게 올라온 진한 초록색 거품을 떠올리면 절로 미간이
찌푸려졌다. 얼마나 쓰기에 말차 옆에는 항상 다디단 화과자가
짝꿍처럼 곁들여지는 것일까! 오코치산소大河內山莊를 한 바퀴
돌고 나와 마신 말차는 생각보다 쓰지 않았다. 오히려 약간의
씁쓸함이 적당히 구수하게 느껴졌다. 역시 짐작하는 일로는
무엇도 제대로 알 수 없다.

좋은 날

공용 부엌에 앉아 바깥을 내다본다. 날씨가 너무 좋다.
비가 오고 있다.

얄궂은 날씨를 탓하는 여행자의 비아냥거림이 아니다.
나는 순수하게 비 오는 날의 교토 거리를 좋아한다. '비'라는
특수효과가 여행에 새로운 맛을 더해주기 때문. 날이 흐려 우비를
준비해 나간 날은 하루 종일 비가 내리지 않으면 돌아오는 길이
아쉬울 정도다. 비 오는 날, 짱짱한 레인부츠와 마음에 드는
우비만 있으면 즐겁게 자박자박 오래도록 걸을 수 있다.

교토에서는 비가 오면 자연이 있는 곳으로 가곤 했다. 물을 머금고
색이 더 짙어지는 초록 이끼를 봐야 하고 비안개로 희뿌옇게 덮인
숲을 거닐어봐야 한다. 투둑투둑, 조용한 숲 한가운데서 듣는
빗소리는 도시의 소음으로 꽉 막혔던 귀를 씻어주는 듯 청량하다.

사실 비 오는 날에는 궂은 날씨를 핑계 삼아 일찍부터 움직이지
않아도 되니, 부지런히 돌아다녀야 한다는 여행자의 책임감을
조금은 벗어놓는 기분이 든다. 게다가 내리는 비를 보며 마시는
커피는 조금 더 맛있게 느껴지니 비 오는 날을 좋아할 수밖에.

하루 종일 거리를 헤매며 늦가을 추위에 오들오들 떨다 들어간

카페는 모든 것이 완벽했다. 온종일 걸어 다니느라 지쳐버린

나에게 정답 같았던 공간. 오래된 소학교 건물을 개조하여

만든 카페.

나는 교실 한가운데 난로가 있었을 것 같은 자리에 앉는다.

내 앞으론 커다란 칠판이 보이고 바로 그 앞에서 나의 바리스타가

꼿꼿이 서서 300엔의 완전한 행복을 내리고 있다. 새로운 주문이

들어올 때마다 갓 내리는 커피의 향이 내 자리까지 와 닿는다.

이런 따스함이 꼭 필요했던 오늘이었다.

취향에 맞는 가게나 기가 막히게 맛있는 커피만큼 여행에 꼭
필요하다고 생각하는 것은 '자연의 기운'이다. 도시 풍경에 어느
정도 익숙해질 때쯤 슬슬 녹색의 기운을 넣어줘야겠다 싶다.
그럴 때면 꼭 시간을 내어 교외나 숲이 있는 곳으로 나가본다.

차를 타고 10분만 이동해도 산이 보이기 시작하는 교토에서는
기분 전환이 필요할 때마다 버스에 올라탔다. 때로는 구글
지도를 펼쳐 가보지 않은 지역 중 녹색인 부분을 찍고 무작정
찾아가보기도 했다. 언뜻 이상한 여행법처럼 보여도 직접 가보면
만족도가 제법 높다. 남들이 하지 않는, 나만의 여행을 가질 수
있다는 희열이랄까.

이렇게 초록에서 얻은 생동감으로 마음을 리셋하고 나면 새로운
자극으로 정신없던 여행자의 마음에 다른 것을 들일 자리가
생긴다.

주택가를 걷다 보면 담벼락 밑에 쪼그리고 앉아 화단에 물을 주는 할머니들을 종종 볼 수 있다. 할머니들은 자신만의 작은 정원을 모난 곳 없이, 시든 잎 하나 없이 아침저녁으로 단장한다. 거리를 바삐 지나는 이의 일상에 꽃과 나무를 들인다. 그들이 가꾼 초록이 없는 거리를 상상하면 삭막하기 그지없다.

예전에 그렸던 소박한 화단이 있는 집을 다시 찾아갔다. 집 앞에 그 그림을 두고 왔다. 메시지라도 적을까 하다가 그만두고 그림만 놓아두고 왔다. 그림 속 할머니는 아직 그 집에 계실까.

'원데이 버스 티켓'은 교토라는 놀이공원을 하루 동안 맘껏 이용하는 자유이용권 같다. 아침부터 이 600엔짜리 티켓을 손에 쥔 날이면 의기양양해진다. 교통비가 비싼 일본에서 조심성 없이 헤매도 부담스럽지 않고, 반대 방향으로 버스를 탔어도 내려서 갈아타면 그뿐이다. 이 황금 열쇠를 손에 꼭 쥐고 어디든지 갈 기세로 길을 나섰다.

여느 때처럼 원데이 버스 티켓을 사들고 중심가와 멀리 떨어진
곳으로 나갔다. 평소 SNS에서 눈여겨보던 식당을 찾아가는
길이다. 사람 하나 보이지 않는 주택가 골목 모퉁이에 자리한
식당에 들어서니 아담한 내부에 의외로 손님이 가득했다.

마지막 남은 자리를 차지하고 앉아서 가게 내부를 하나하나
살폈다. 주인 혼자 운영하다 보니 응대가 천천히 이루어졌지만,
오늘 하루 특별한 계획 없이 돌아다닐 예정인 나에겐 그런 속도가
더욱 좋았다.

주인은 서두르지 않고 정갈한 움직임으로 음식을 준비한다. 그릇
하나 반찬 하나 놓는 모양새 하나까지 준비한 이의 정성이 빼곡히
들어가 있다. 그 한 상을 천천히 즐기고는 진심을 담아 '매우
맛있었습니다'라는 인사를 전하고 가게를 나선다.

정
다
운

풍
경

교토에 일주일을 머물다 보니 다른 동네가 궁금해졌다. 기차 여행하는 기분도 느끼고 싶어 멀지 않은 곳에 위치한 우지宇治로 여행 속의 여행을 떠났다. 외국인 관광객보다는 일본 현지 관광객이 더 많은 탓인지 제대로 새로운 여행을 하는 맛이 난다. 차 생산지로 유명한 이 지역에는 뵤도인平等院이라는 절이 있는데 10엔짜리 동전에 각인된 그림이 바로 이곳이다.

우지에 오면 말차 아이스크림을 꼭 먹어보고 싶었다. 대부분의 찻집에선 차와 아이스크림을 함께 팔고 있었는데 말차 가루가 듬뿍 뿌려진 아이스크림은 쌉싸래하고 진한 맛이 일품이었다. 호우지차 맛도 먹어보고 싶었지만 유리 같은 내 위장의 한계를 느끼며 다음을 기약했다.

우지 마을에서는 성별이나 나이에 관계없이 모두가 어딘가에서 말차 아이스크림을 먹고 있다. 가게 앞에 나란히 앉아 자기 몫의 아이스크림을 성실히 할짝거리는 모습이 정답고 귀여웠다.

매장에 들어서면 원색의 컬러감과 다양한 패턴에 압도당한다.
데리고 가는 동행마다 환상적인 패턴의 세계에서 한동안 떠날
줄을 모르는 이곳.

중심가 안쪽 골목에 소우소우SOU·SOU의 점포 여러 개가 옹기종기
모여 있는 길이 있다. 브랜드의 오리지널 원단에서부터 양말, 신발,
의류, 아동복, 심지어 찻집까지 좁은 골목에 알차게 들어서 있다.
제품에 사용된 패턴도 점잖은 것부터 개성적인 것까지 종류가
다양해서 손수건 등의 가벼운 선물을 고르기에도 좋은 곳이다.

평소 옷차림이 수수한 편인 나는 포인트 아이템으로 사용하기
좋은 스카프를 몇 장 골랐다. 알록달록한 밝은 색깔 스카프를
고르고 있는 일본 여성 손님들에 비하면 너무나 무난하고 어두운
색깔만 골라 담긴 했지만…… 그게 결국 나의 취향이다. 주변을
의식하지 않고 고르다 보면 자기만의 취향을 알 수 있는 공간.
어쨌거나 나는 이 가게가 참 좋았다.

취향과 만나다

커
피
가

중
요
해

커피. 가끔은 그 단어를 떠올리는 일만으로 기분이 나아진다.
가장 짧은 시간 안에 내 기분을 끌어올릴 수 있는 마법 같은
아이템. 그런 면에서 교토는 나에게 참 적절한 도시다. 마법의
아이템을 어느 때고 거리 곳곳에서, 다른 분위기로 즐길 수
있으니.

가고 싶던 식당의 예약 시간을 기다리다가 커피 한잔하는 것도
나쁘지 않은 시간이라 근처에 있는 카페에 들렀다. 아기자기하고
자연스러운 분위기의 가게에서 따뜻한 커피를 한 잔 주문했다.
헝겊으로 된 컵 받침과 작은 우유잔, 나무 수저까지 소박하지만
완벽한 세팅. 말차를 개어서 내줄 것 같은 도자기 컵에 담겨 나온
커피는 아주 정성스러운 맛이었다. 컵을 두 손으로 받쳐 들고
온기와 향을 함께 느끼며 짧은 시간을 귀하게 보냈다. 역시,
커피만 한 게 없지.

2

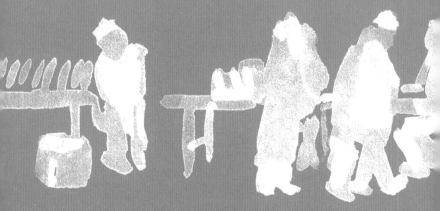

그곳, 사람들

16박 17일의 꽉 찬 일정을 교토에 모두 할애하기로 했다. 16박
17일이라는 기간은, 본래 계획인 2주에서 '하루만 더 하루만 더'
하는 마음으로 날짜를 늘리다 보니 나온 일정이다. 여행 마지막 날
느끼고야 마는 아쉬움을 예상한 여행자의 얄팍하지만 쓸모 있는
술수랄까.

떠나기 전 다람쥐같이 바리바리 짐을 쌌다. 책 10권, 달력 10개,
손수건 10장, 가방은 조금만. 각 제품의 샘플도 하나씩 챙겼다.
작업에 대한 이해를 돕기 위해 일본어로 된 간략한 설명문도
제품마다 첨부해 넣었다.

정말 팔고 올 수 있을까 싶은 마음, 선물로 주고 오더라도 넉넉하게
챙겨가자는 마음, 이런저런 마음을 더하고 빼가며 절묘하게

책정된 양의 제품을 망가지지 않게 돌돌 말아 넣으니 여행 가방의
4분의1을 차지했다. 여행이 끝날 때쯤엔 텅 비어 있을 이 공간을
무엇으로 채워 돌아올까 하는 야욕이 스멀스멀 올라왔다.

나는 꽤나 목표 지향적인 성향이라 여행을 갈 때 작게라도 목표를
정해두고 움직이는 편이다. 이번 교토 여행의 대목표는 '도시
수집'의 영감을 얻어올 것, 글을 끼적여 올 것. 소목표는 작년에
제작한 독립 출판물 『도시 수집: 교토 작은 가게』를 일본 서점에
입고하고, 그때 그렸던 장소 속 사람들을 만나 그림을 전해주고
오는 것.

결론부터 말하자면 대목표를 이루었는지는 이 책을 끝내봐야
알 것 같고, 소목표는 넘치게 이루고 왔다.

교토 역에 내리면 꼭 하고 싶은 일이 있었는데, 독립 출판물 『도시 수집』을 교토라고 쓰인 파란색 역명 표지판과 함께 사진에 담는 것. 2년 전, '나중에 해보고 싶은 것' 리스트에 적어놨던 것을 생각보다 가까운 미래에 이루게 됐다.

그러고 보면 생각했던 일을 실행에 옮기는 것에 그다지 큰 용기나 능력이 필요하지는 않은 것 같다. 실행으로 이어지는 단 한 걸음이 더딘 것일 뿐, 막상 해보면 별것 아닌 경우가 많다. 그 상상을 누구보다 적극적으로 빠르게 현실로 만들 수 있는 사람은 바로 나 자신이다.

물론 아직도 망설여지고 생각으로만 머무는 일들이 가득하지만, 지금의 나에겐 말끔히 다듬어진 생각보다는 일단 저질러보는 담대함이 더 절실하다. 그도 그럴 것이 잃고 자시고 할 것도 없는 인생이라!

요령이 늘어서인지 예전처럼 큰 캐리어를 들고 힘에 부치도록 계단을 오르내리지 않는다. 길을 조금 돌아가더라도 나를 구원해줄 엘리베이터가 어딘가에는 있다는 사실을 알기 때문이다. 첫날부터 지쳐버리면 모처럼의 여행을 망칠 수도 있기에 조심하며 움직인다.

교토 역에서 숙소까지는 지하철을 이용했다. 효율성 면에서는 버스로 이동하는 편이 좋겠지만 아무래도 짐가방이 커서 무리일 것 같았다. 물론 무리해서 꾸역꾸역 탈 수는 있겠지만, 평소처럼 버스를 이용하려는 사람들에게는 실례를 끼칠 듯했다. 그 미안한 마음에서 오는 스트레스를 감당하기보다는 타인에게 큰 영향 없이 이동할 수 있는 지하철 쪽이 훨씬 편했다. 게다가 지하철에서 내려 숙소까지 걸어오면서는 버스로 이동했다면 보지 못했을 가게들을 발견하는 수확도 있었다.

아침 일찍부터 버스로, 하늘로, 열차로, 지하로 다니다가 지상으로 올라오니 비로소 교토였다.

도착지에서의 첫날 저녁 식사로 선택한 것은 역시 오오토야大戶屋.
상호명 그대로 흔한 정식을 파는 밥집이지만 나에게는 어학연수
시절 만든 소중한 추억의 맛이 느껴지는 식당이다. 가면 주문하는
메뉴도 늘 비슷하다. 별것 아닌 모형같이 생긴 정식에 추억이
더해지니, 그 맛은 특별하다.

2년 전에도, 두 번째 방문에도 오오토야로 첫 식사를 시작했다.
그새 주문하는 방식이 달라졌다. 테이블마다 놓인 태블릿
메뉴판에서 손님이 직접 메뉴를 골라 주문 버튼을 누르면
주방으로 바로 주문이 접수되는 식이었다. 가게에 들어서자마자
카운터에 서 있는 직원에게 열심히 외워간 긴 메뉴의 이름을
읊조리며 주문하는 것이 좋았는데……. 변하지 않을 것 같았던
이곳의 풍경과 오래된 가게들도 점점 바뀌어갈 것이라 생각하니
벌써부터 아쉬워진다.

살짝 보이는 가게 안쪽에서는 한창 무언가를 생산하고 있는 듯 분주한 분위기이고 가게 앞에는 펼쳐놓은 듯 만든 작은 판매대가 덩그러니 서 있다. 그 위에는 종이 묶음, 편지지, 봉투 등 제품이 놓여 있는데 팔려는 것인지 마는 것인지 디스플레이가 소극적이기 그지없다.

다시 방문한 가게는 2년 전과 거의 같은 모습이었다. 아무도 없어 보이는 곳에 작은 판매대와 몇몇 지류 제품들. 변하지 않은 이런 애매함이 반가웠다. 이번에는 용기를 내어 아마도 안쪽에 있을 가게 직원을 불러보았다. 가게의 모습이 담긴 엽서를 사장님에게 건네자 무척 고마워했고 한자로 된 가게 이름을 어떻게 읽는지 가르쳐주었는데, 가게를 나서는 순간 잊어버리고 말았다. 그래서 지금도 그냥 '종이 가게'로 부르게 된 이곳. 아마 2년 후에 가도 반가운 그 모습 그대로일 것 같은 종이 가게.

예전에는 일본에서 가장 쉽게 볼 수 있는 대표적인 프랜차이즈 커피숍을 꼽자면 '스타벅스'가 제일 먼저 생각났는데 이제 그 거대한 스타벅스의 시대가 지나고 새로운 물결이 밀려오는 듯하다. 초창기 '별다방'이 그러했듯 현지인들이 먼저 성지순례하듯 들르는 곳.

산뜻한 파란색 병 모양 로고가 특징인 '블루보틀'이다.

오랫동안 스타벅스의 초록색에 눈이 익숙해져 있다가 맞닥뜨린 파란색 로고가 신선하게 느껴진다. 커피 맛도 일단은 초록색의 그곳에 완승!

뭐든 인터넷에서 그 정보를 찾을 수 있을 것만 같은 요즘이지만
아직도 세상에는 직접 겪어보지 않고는 알 수 없는 일들이
존재한다. 이를테면 '일본 서점에 독립 출판물 입고하는 방법' 같은.

교토에 가기 전 서점 몇 곳에 입고 문의 메일을 보냈다. 책에 대한
정보를 일어로 간략하게 번역한 내용에 본문 이미지를 첨부하여
보낸 내 메일에 답변이 돌아온 건 단 한 곳. '일단 한번 와보라'는
별 확신 없는 메일에 반신반의하며 책과 물건을 조금씩 챙겨
비행기에 올랐다.

주로 메일로 책의 정보와 이미지를 제공하며 입고 문의를 하는
한국과는 다르게 일본에서는 책의 실물을 직접 보고
판단하는 모양이었다.

직접 겪어본 독립 출판물 입고 과정은 의외로 간단했다. 담당
직원이 책을 검토해보고 입고가 가능하다 판단되면 공급률과 수량,
입고 가능 일자를 확인한 후 처리된 물건에 대해 영수증을 바로
작성해주는 순서로 진행됐다. 물론 입고가 어렵다고 생각되는
제품을 거절하는 의사를 바로 앞에서 듣는 건 마음 쓰라린
일이지만.

인
터
넷
에
서
는

알
수
없
는
일
들

서점이 위치한 동네에 내리자 관광지와는 분위기가 사뭇 다른, 지역 사람들의 동네라는 느낌이 확 와 닿았다. 조용하고 나직나직한 시간이 아주 천천히 흐를 것 같은 곳. 교토 시내에서 버스로 열 정거장 남짓 달려왔을 뿐인데, 거리 뒤편으로 산이 병풍처럼 펼쳐져 있어 그런지 어느 깊은 산속 마을로 훅 들어온 것만 같다.

호호호좌ホホホ座는 내가 생각한 모습에 가까운 서점이었다. 밝고 자유분방한, 조금은 마이너한 개성을 갖춘 서점. 교토로 떠나오기 전 보낸 메일에 유일하게 답을 보내준 서점이기도 해서 처음부터 마음이 갔다. 입고 문의를 하기 전 손님의 입장으로 점내를 둘러봤다. 요사이 많이 접해본 한국의 독립 서점에 비하면 독립 출판된 책보다는 기성 출판된 책이 많아 보였다. 사실 그 순간에는 책이 눈에 잘 들어오지 않았다. 점장님과 벌일 담판을 생각하니 입이 바짝 말라왔다. 일단 그 앞에 서면 무슨 말이든 나오겠지 하는 마음으로 카운터로 향했다.

"저기……." 하고 주고받았던 메일 이야기로 운을 뗀 후 간략하게 책 설명을 마치고 점장님의 표정을 보니 내가 여기 서 있는 이유가 어느 정도 전달된 것 같았다. 가방에서 주섬주섬 책부터 달력, 손수건, 가방까지, 한국에서 작은 야심으로 꽁꽁 싸온 물건들을 하나씩 펼쳐가며 설명했다.

책과 물건을 꼼꼼히 살펴보는 그의 모습에 긴장이 되기 시작했다. 방금 치른 시험지를 바로 눈앞에서 채점 받고 있는 학생이 된 것 같은 초조한 마음이 들었고, 이럴 때 어떤 표정을 짓고 있어야 할지 모르겠어서 뻔한 책 소개 멘트만 늘어놓았다.

길게만 느껴졌던 판단의 시간이 지나가고, 가져간 것들 중 세 가지 품목이 시험에 통과했다. 개인의 제품을 위탁 판매가 아닌 그 자리에서 매입해주는 일이 흔한 경우는 아니었지만, 점장님은 기꺼이 여행자의 형편을 이해하고 그 제안을 받아들여줬다. 곤란할 수도 있는 막무가내의 요구를 선뜻 받아들여준 것이 고마워 촬영용으로 가져온 달력 샘플까지 모조리 건네버렸다. 얼떨떨한 상태로 서점을 나서며 뭔가 대단한 일을 해낸 것 같아 기뻤다. 그 기분을 함께 나눌 사람이 없어 아쉬운 대로 가게 유리창에 비친 나의 모습과 함께 축하해보았다.

첫 입고에 성공하자 다음에 도전할 용기를 얻었다.

돌아다니면서 들르는 서점에 직접 입고를 물어보기도 했다. 막상 해보니 메일로는 확인이 어려운 곳들도 있어 이렇게 하는 것도 하나의 방법인 것 같았다. 책 보따리를 들고 다니며 파는 보부상처럼.

기대하지 않고 물어봤던 서점 '케이분샤'에서 입고가 가능하니 책을 가져오라는 말을 들었을 땐 너무 뜻밖이라 믿기지 않았다. 담당자와 나눈 대화의 끄트머리에서 "(이런 책이) 팔릴 수 있을까요?"라고 묻는 내 우문에 "팔릴 거라고 생각해요"라고 안경 너머로 담담하게 말하던 그의 얼굴이 생각난다. '아름다운 책들이 놓여 있는 이 아름다운 서점에 내 책이 함께 누워 있으면 참 좋겠다' 하고 어렴풋이 생각은 했었지만 스스로를 타이르며 어림없는 소리라고 결론 내곤 했었는데……. 상상만으로 단념해버리는 바보짓을 할 뻔했다.

입고를 확정짓고 서점을 나와서는 길을 걷다가도 피식, 횡단보도의 신호를 기다리다가도 우훗, 하고 웃음이 새어나왔다. 누군가에게 괜한 오해를 살까 자꾸만 올라가는 입꼬리를 단속하기 바빴다.

TOMBO

첫 입고 후 서점 직원의 추천으로 한 카페를 찾아갔다. 온통 동네 사람들뿐인 그곳. 하나 남은 4인용 자리를 차지하고 앉아 주변 테이블에서 흘러오는 대화를 듣고 있으니 일본 드라마 속에 들어와 앉아 있는 기분이다.

테이블 1, 함께 와서 조용히 각자 식사하고 있는 노부부의 점심시간. 테이블 2, 책과 함께 즐기는 혼자만의 카페 런치. 내 뒤의 테이블 3, 아이들을 학교에 보내놓고 잠깐 오후 시간을 즐기는 엄마들의 수다장터.

첫 입고 후 흥분된 마음을 가라앉히며 커피 한잔하려고 들른 곳이었지만 '이곳에서 점심을 먹지 않으면 완전 손해!'일 것 같은 분위기에 휩쓸려 식사 메뉴인 '어른의 나폴리탄'을 주문했다. 동네 카페에서 한가로운 오후를 보내고 있자니 이곳에서의 생활이 언뜻 그려졌다.

기대했던 케첩의 불량스러움이 전혀 느껴지지 않는 건강하고 고급스러운 맛의 나폴리탄이 조금은 아쉬웠지만 자축하는 식사로 충분히 좋았다.

디앤디파트먼트가 위치한 붓코지佛光寺에서 호호호좌 주최로 작은 중고 책 장터를 연다기에 달려가보았다. 다시 만난 호호호좌 점장님은 고맙게도 내가 만든 달력과 가방 등을 가지고 장터에 참가했다. 점장님은 처음에는 내 얼굴을 못 알아보았지만, 반갑게 인사를 나누고 마켓을 구경했다. 중고 책방, 커피 스탠드, 디저트 가게, 카레 가게, 어묵 가게, 캐리커처 그려주는 곳. 규모는 작았지만 알찬 라인업이었다.

이번 마켓은 교토 로컬의 커뮤니티가 어떻게 형성되어 있는지를 어렴풋이 볼 수 있었던 기회였다. 주말 오후, 노란 은행잎이 지천으로 깔린 절의 마당에서 열리는 마켓에 가서, 지인의 커피 스탠드에서 커피를 마시고, 옆자리 헌책방에서 책도 사보고, 점심으로 카레 플레이트를 먹으며 보내는 가을날의 하루. 이번 여행에서 가장 보고 싶어 했던 것들이 이런 것이었는지 모르겠다. 가장 평범한 이곳의 하루.

작은 선물 상자 같은 것을 파는 가게가 보였다. 벽면 전체에 상자
뚜껑을 빼곡히 전시해둔 흥미로운 디스플레이에 얼른 들어가서
보고 싶었지만, 신발을 벗고 올라가야 하는 구조였다. 처음에는
가게 앞을 아쉬운 눈길로 지나쳤고 두 번째는 가게 안으로
들어가 신을 벗고 올라갔다.

점원은 따뜻한 메밀차를 내어주며 천천히 구경하라 말한다.
그의 다정함 덕에 다소 엄격하게 느껴졌던 이 가게의 손님맞이
장치가 의도하는 바를 이해할 수 있었다. 발을 피곤하게 하는
신발을 벗고 편하게 나무 바닥을 밟으며 차 한 잔을 마시는
여유가 필요한 가게였던 것이다. 입구를 한 턱 올려 지은 것도
언제나 손님으로부터 선택을 받을 수밖에 없는 가게의 입장에서

취해볼 수 있는 최소한의 장치가 아니었을까.

이곳에서는 그림을 찬찬히 살펴보며 선물을 고르는 경험까지
손바닥만 한 상자에 담아 함께 판매하고 있었다. 상자 안에
들어갈 내용물과 뚜껑 디자인까지 선택하고 나면 그것을 감쌀
포장지와 장식용 스티커까지 고르게 한다. 그 디테일에 나는
결국 굴복하고 말았다.

점원에게 대접받은 메밀차는 수고로움을 기꺼이 감당한
자들에게만 주어지는 상 같은 것. 그럼에도 불구하고
찾아와주었구나 하는 고마운 마음이 담긴 차를 대접받으며,
우리는 무언의 무엇인가를 주고받았다.

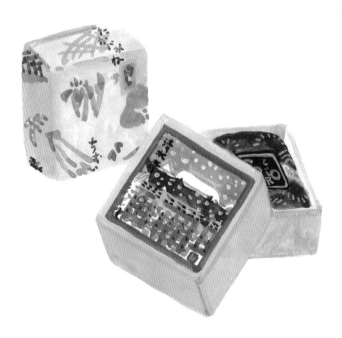

재빠르고 절제된 몸놀림으로 주방을 장악하는 주인장에게서는
고집스러운 카리스마가 느껴졌다. 정확한 규칙을 가지고
운영하는 이곳에서 그 규칙을 정할 자격은 어디까지나 그에게
있다. 하지만 그것이 마음에 들지 않는다면 이곳을 선택하지 않을
권리는 손님에게 있다.

가끔 점원의 지나친 관심과 친절이 불편하게 느껴질 때가 있다.
보이지 않지만 신경 써주는 느낌을 들게 하는 서비스가 세련된
접객이라 생각한다. 손님과 주인이 동등한 입장에서 서로를
존중하며 좋은 무언가를 나누는 것. 그게 앞으로 가게를 운영하고
장사하는 일의 방향이 되지 않을까.

식사를 마치고 나오는 길, 가게 앞에 빼곡하게 적어놓은 안내문이
다시 눈에 들어왔다. 혼자 운영하는 가게라 혹시라도 기다리게
될 손님을 위한 양해의 글이 투박한 그의 손글씨로 구구절절
적혀 있었다. 식당 이곳저곳 붙어 있던 이용 안내 그림과
메모가 그제야 떠올랐다. 알고 보면 그는 아주 자상한 마음씨를
가졌을지도 모르겠다.

교토에 오기 전 구글 지도에 별을 잔뜩 표시해 왔다. 가만히 앉아 있어보고 싶은 카페, 먹고 싶은 음식, 조용히 사색하기 좋을 공원과 사찰. 그러나 오기 전에 계획을 세워놓는다 해도 그날의 날씨, 기분에 따라 행선지는 바뀔 수 있는 터라 계획은 짜놓지 않았다. 여유롭게 보내는 아침 시간에 그날그날의 일정이 정해졌다. 대개는 방향만 정해두고 거리가 가까운 곳들을 구획지어 묶어놓고 그날의 날씨와 컨디션에 따라 움직였다. '오늘은 위쪽 동네를 천천히 걸어보자' 정도의 계획을 갖고 흘러가는 하루.

사실 매일 맛있는 음식점을 찾아가 밥을 먹고 유명한 카페, 빵집을 찾아가는 게 다 무어냐 싶은 마음이 든 탓이기도 했다. 세상의 다른 편에서는 오늘 한 끼라도 먹을 수 있을까, 내일도 살아남을 수 있을까를 걱정하는데 이런 지도에 박힌 무수한 별들이 무슨 의미가 있을까 싶었던 거다. 그러니 적어도 여행에서만큼은 욕심이 가득한 의도와 계획을 버리고, 우연과 본능에 의존해 시간을 써보는 일. 그것만이 오늘 나의 계획이다.

오늘도 별 계획 없는 하루

귀
여
운

노
년
의

시
간

오래된 도시에는 오래된 사람들이 산다. 지나온 시간으로 인해 키는 훌쩍 줄어들고 머리도 하얗게 새어버렸지만 그 시간만큼 응축된 귀여움이 그들에게 남아 있다. 유치원 아이들이 소풍 나오듯 근처에 있는 절로 삼삼오오 단풍 구경을 나오기도 하고, 늦은 오후의 공원에서 샌드위치와 주먹밥 도시락을 나눠 먹기도 하며, 자신의 애마인 손수레를 앞장세우고 시장에 나와 친구를 만나 하루를 보내기도 한다. 유독 그들의 활동이 활발한 교토에서 다양한 모습의 귀여움을 만났다.

푸드 트럭, 이동식 커피 점포는 많이 봤지만 한 사람이 봇짐 메듯
커피가 필요한 적재적소에 등장하는 방식의 커피점은 처음 봤다.
여행 기간 동안 우연히도 두 번이나 그와 마주칠 수 있었다.
공간을 꾸며놓고 손님이 찾아오기를 바라기보다 직접 손님을
찾아나서는 그. 그에게 필요했던 건 오직 커피를 내릴 수 있는
적절한 시간과 장소였다. 커피가 필요한 곳에 간단히 꾸려온
짐을 내려놓고 맛있는 커피를 내려주는 영업 방식이 참신하게
느껴졌다. 기회가 없어서, 마땅한 장소가 없어서라는 핑계로 내
작업을 내보일 기회를 스스로 박탈해버리는 자신에게 일침을
가하는 고소한 한 잔이었다.

방랑형 커피 스탠드

느지막이 거리로 나왔다. 늦은 점심을 먹기 위해 지나가다

발견한 카페에 들어왔는데, 나 이후로도 모든 이들이 혼자

들어온다. 한적한 곳에 위치한 카페였고 식사 때도 지난 애매한

시간이었지만 가게 문에 달린 작은 종이 꾸준히 딸랑거렸다.

모두가 자신만의 섬인 양 테이블을 하나씩 차지하고 앉아

비슷한 메뉴로 식사하고 있는 모습을 보자니 속으로 후훗

웃음이 났다. 교토에서는 식당에서도 카페에서도 외롭지 않다.

어딜 가도 '혼자' 동료들이 마음으로 서로를 조금씩 의지하고

앉아 시간을 보내고 있는 덕분이다.

혼자로 가득한 섬

이번 여행 동안 일행과 함께한 며칠간의 일정은 그 기록이
사진으로밖에 남아 있지 않았다. 사진도 기억을 남기는 좋은
방법이지만 이미지로 남은 기억은 휘발성이 강해 그 순간의 내
생각까지 잡아 두지는 못하는 것 같다. 자신의 언어로 적어둔 글을
시간이 흐르고 다시 보면 당시의 기분이나 상황이 잘 전달되어
그 순간으로 돌아가는 듯한 기분을 느낄 수 있다.
글쓰기는 생각보다 효과가 좋은 명상법이었다. 여행 초반에
가라앉아 있던 기분이 글을 쓰면서 조금씩 환기됐고 숙소에서의
저녁 글쓰기로 하루의 긴장을 내려놓았다.

그림 대화

여행을 다니면서 즉석에서 그림을 그려내는 작가를 많이 본다.
단시간에 집중력을 발휘하여 만들어내는 멋들어진 작품을
늘 감탄하며 훔쳐보곤 하지만, 나는 여행과 작업은 따로 하는
편이다. 그리는 데 필요한 집중력이 부족하기 때문이기도,
주위의 시선을 견디지 못하는 성격 탓이기도 하다.

그러다 가만히 그리고 있는 나를 객관화하여 들여다보며
알게 되었는데 나는 그리는 과정을 하나의 수양처럼 행하고
있었다. 쓸데없이 고집하고 있는 것 같았던 스케치 없이 그리는
방식에도 나름대로 이유가 존재했다. 밑그림이 없음으로 인해
더욱 그리는 대상에 집중하고 질문하게 된다. 한 번 선을 그으면
수정할 수 없으니 수도 없이 눈으로 대상을 쫓으며 끊임없이

골몰할 수밖에 없다.

인상적이던 가게의 외관을 그리면서는 '이런 건물 구조는 참
특이하구나, 여기에는 이런 게 왜 붙어 있을까? 이 물건은
무엇을 위해 여기에 놓인 거지?' 등을 고민하고, 지나는
사람을 그리며 '이 사람은 등이 조금 굽었는데 어떤 일을 하는
사람일까? 하루 중에 어떤 시간을 보내고 있는 중일까?'라는
식으로 대상을 심도 있게 관찰한다. 사진처럼 그대로 옮기는
목적이 아니기 때문에 어느 정도 단순화하여 그리지만 어느
부분은 꼭 묘사해야 할 것만 같아 될 수 있으면 표현한다.
그런 부분이 대상의 개성을 드러내는 작지만 꼭 필요한
부분이기 때문이다.

널찍한 공용 테이블에서 내 앞자리에 앉은 커플이 신경 쓰였다.
들어올 때부터 남자는 핸드폰만 들여다보며 코를 3초마다
들이마시고 여자는 카페의 요모조모를 사진으로 남기느라
정신이 없었다. 그러려니 하고 내 일에 집중하다 보니 어느새
이 커플도 영적인 카페의 분위기에 맞춰진 듯 조용하게 각자의
일을 하고 있었다.

오전에는 숙소 근처에 있는 커피숍에 들러 그림을 전하고 왔고,
오후에는 산조三条에 위치한 호호호좌 점장님을 만나 입고하고,
그 이후에 서점 근방 카페에 가서 그림을 전달해주고 왔다. 꼭
교토에 비즈니스 출장이라도 온 듯한 기분이 들었다. 스스로가
만들어 일으키는 화학작용의 불씨가 점점 커져가는 상황에
신이 났다. 이런 일정을 가능하게 해준 '지난여름 열심히 책
만들던 나' 자신이 기특하게 느껴졌다.

판매 수익은 그리 큰 금액은 아니었지만 그건 전혀 중요하지
않았다. 단지 좋아하는 일로 여행을 하며 그것이 나와 이곳
사람들을 연결해줄 수 있다는 가능성을 확인한 것만으로도 큰
성과였다. 그로 인해 여행을 다른 각도에서 즐길 수 있게 된 것이
기뻤고, 다음을 기약하는 새로운 목표도 생겼다. 해외 페어나
마켓에 참가해 다양한 사람들과 만나 내 이야기를 들려주고
싶다는 바람을 가지게 됐다. 이번 여정에서 수집한 멋진 장소와
사람들, 도시의 장면이 담긴 책을 들고 다시 이곳에 올 날을
머릿속에 그려본다.

교토에는 신을 벗고 들어가는 커피집이 몇몇 있다. 신중하게
커피를 주문하고 안쪽 방으로 올라가 다리를 가지런히 접고
앉아 기다리고 있으니, 편안한 가게 분위기가 눈에 들어온다.
눈앞에는 지역의 커피 관련 제품이 진열되어 있다. 나가기
전에 꼭 살펴봐야겠다. 아침부터 운동화 속에 꼭 갇혀 있던
발을 꺼내고 다리를 앞으로 펴고 등을 기대앉으니 나른함이
몰려온다. 잠시 걸터앉아 쉬는 휴식보다 조금 더 여유로운 쉼을
취하며 얼마 남지 않은 교토의 시간을 정리한다.

가
면
이

벗
겨
지
는

순
간

가게 모습을 담은 그림을 건네줄 때, 그들의 말투와 표정은
점원으로서 나를 대할 때의 태도와는 상당한 차이가 있다. 주문을
받으며 접객할 때는 깍듯한 서비스 정신으로 무장한 가면을 쓰고
거리감을 두고 대하다가, 그림을 건네는 순간 얼굴을 감싸고 있던
가면이 벗겨지는 느낌으로 친근한 본인의 얼굴을 보여준다.

열중하며 일하는 모습이 그려진 그림을 보고 좋아하는 그들의
반응에 더 기쁜 건 나였다. 상대와 내가 서로 고맙다며 허리를
연신 굽히기도 했고, 어떤 이는 그 자리에 함께하지 못했던
동료가 후에 그림을 전달받고 기뻐하는 모습을 사진으로
보내주기도 했다.

이번 여행을 통해 만들어진 그런 순간이 모두 소중하다.
디앤디파트먼트의 마켓에서 이야기 나눴던 근처 자전거 가게
점원이 마켓을 떠나는 나를 향해 손을 흔들어주었을 때, 전날
갔던 디앤디파트먼트 식당의 직원이 나를 알아보고는 곁으로 와
과자를 권했을 때. 잠깐이지만 그들의 커뮤니티에 잠시 나를
들여보내준 것 같았다.

마지막은 최고의 커피로

주차장 한편에 자리한 자그마한 커피숍에 그림을 건네고
대화하던 중 바리스타로부터 '교토 베스트 커피'라며 소개받은
곳이 있다. 이미 국내에도 많이 알려져 있고 나도 이번에
방문해볼 참이었던 그 카페에 첫 번째 방문 실패 후 여행 마지막
날에서야 가볼 수 있었다.

아담한 실내 분위기는 따뜻하고 깔끔했다. 주인 부부는 정확히
나뉜 역할에 따라 말없이 합을 맞추고 있었다. 주문은 핸드드립
커피, 케냐 원두를 아사이리(浅煎り, 원두를 연하게 볶는 것)로. 보통
머그컵보다는 약간 작은 사이즈의 하얀 잔에 커피가 담겨 나왔다.
한 모금 마시는 순간, 이번 여행에서 마신 커피 중 제일로 맛있는
커피는 이것으로 정해졌다. 당시 '순하면서도 조화가 잘 이루어진
부드러운 맛'이라고 적어뒀다.

남편이 내린 커피를 맛봤으니 아내가 만든 디저트도 먹고 싶어 비스코티를 추가로 주문했다. 자그마한 크기에 서운할 뻔했지만 견과류가 듬뿍 들어간 '꼬수운 맛'이 일품이었다. 커피를 한 잔 더 마실까 싶어 지갑 속 동전을 세어보다가 이 아쉬움을 핑계로 한 번 더 와야겠다는 생각이 번뜩 들어 손을 멈췄다.

무뚝뚝해 보이는 남자 주인에게 계산을 하며 '커피가 정말 맛있었어요. 저쪽 가게에서 추천해주셨어요'라고 말하자 표정이 살짝 부드러워지는 것 같았지만, 그는 이내 내가 마신 커피는 도쿄의 다른 카페에서 공급받은 원두라는 사실을 명확히 밝히며 프로의 얼굴로 돌아갔다.

느지막이 일어나 10시쯤 숙소를 나선다. 걸어서 3분 거리에
있는 커피 스탠드에서 오늘의 핸드드립 커피를 주문한다.
주차장을 향해 엉덩이를 걸치고 앉아 오늘도 어김없이 파란
하늘을 보며 커피를 마신다. 한 블록 옆에 자리한 작은 빵집에
들러 갓 구운 크루아상을 사들고 파사삭 베어 문다. 거리
하나하나를 살피며 아래쪽 동네를 향해 걷는다.

주택가에 둘러싸인 절 안으로 들어서니 커다란 은행나무가
잎을 거의 떨궈 바닥을 노랗게 물들였다. 그 옆으로 디자인 상점
하나가 절 본당과 위화감이 없이 서 있다. 그곳에서 이 지역에서
생산된, 만듦새가 좋은 문구류를 몇 점 구입한다. 상점 맞은편
식당에서 식사를 할까 생각했지만 시간이 조금 일러 한정
판매하는 모나카 한 세트를 사서 나온다.
큰길에 있는 화방에서 필요했던 재료들을 구입하고 나니 어느새
점심시간이 훌쩍 지났다. 근처에 교토 야채를 주제로 하는

음식점이 있는 게 생각났다. 평소에는 관광객과 현지인으로
줄이 긴 가게이지만 애매한 시간에 간 덕에 금방 자리를 잡고
앉는다. 테이블마다 쫑쫑 썰어진 파가 수북이 담긴 상자가 놓여
있다. 모든 음식에 듬뿍 넣어 먹었더니 파를 거의 반 단은 먹고
나온 것 같다.

귀여운 가게가 층층이 들어서 있는 건물이 보인다. 오래된 건물
안에는 책방, 갤러리, 옷 가게 등 작은 교실같이 생긴 점포들이
층층이 자리해 있다. 맨 위층부터 하나씩 보면서 내려온다.
그림책 전문 책방 옆에서는 마침 좋아하던 작가의 전시가
열리고 있다. 표현이 세밀한 원화를 감탄하며 관람하다 책 한 권,
종이테이프 몇 개를 사가지고 나온다.
이 길로 강가를 조금 거닐어 보기로 한다.

강 옆으로 커플들은 한가로이 앉아 따뜻한 가을 오후의 햇살을
쬐고 있고, 다리 아래쪽에서는 학생 하나가 트럼펫을 연주하고
있다. 계속해서 같은 구절을 반복하지만 듣기 싫지는 않다. 나도
잔디 위에 자리 잡고 앉아 몇 글자 끼적여본다.

이 다리 근처에 입고를 문의했던 책방이 있다. 그곳에 약속한
책을 가져다주고 나니 다시 카페인이 생각나는 시간이다. 얼마
전 자리를 옮겨 영업을 재개했다는 커피집에서 익숙한 얼굴의
바리스타에게 커피 한 잔을 주문한다.

숙소로 돌아가는 길, 백화점 지하의 식품 코너에서는 마감
세일이 한창이다. 퇴근길 직장인이라도 된 듯 알찬 스시 세트
한 팩과 맥주 한 캔을 사 들고 걷는다.

나오며

또

오겠습니다

첫 번째 교토 수집을 마칠 즈음에는 이렇게 썼다. '교토의
가게들을 그리고 싶다. 이것들을 엽서로 만들어 다시 교토에
와서 가게마다 주고 오자. 그 생각을 하니 벌써부터 즐겁다.'

한 도시를 여행하면 그 거리에 대한 애정과 관심이 생긴다.
돌아온 후에도 눈과 귀가 그 쪽을 향해 열려 있어 관련된 정보를
모으고 다음에 가볼 곳을 체크해둔다. 작은 도전이 불씨가
되어 계속 새로운 목표를 키워내는 경험. 이런 과정을 통해 한
도시가 나의 컬렉션을 채워간다. 비행기에서 내리고 공항을
벗어나 그곳의 거리를 마주하고 안도감을 느꼈다면 나는 그곳을
수집했다고 느낀다.

어느 가게를 나서건 마지막에는 "또 오겠습니다"라는 인사를
잊지 않았다. 그들에게 하는 인사라기보다도 자신에게 하는

다짐에 가까웠다. 다시 또 오자, 또 다른 재밌는 일로 이곳을
찾아와 그들과 두 번째 인사를 나누자, 하고 스스로에게
전하는 약속.

두 번째 교토 수집은 첫 여정 이후 목표로 삼았던 작은 교류들을
촘촘히 이뤄가는 시간이었다. 좋아서 시작한 일이 이 도시와
나를 연결해주었고, 그 여정을 담은 이야기가 책이라는 형태로
세상에 나오게 되었다. 여행 전 목표로 했던 바를 이루었다는
기쁨도 크지만, 이 책을 구실로 또다시 교토에 가서 만날
사람들이 있다는 사실에 다시 한 번 설레기 시작했다.

첫 번째에는 말없는 목례로 가게를 나섰지만, 두 번째에는
또 오겠다고 말했다. 세 번째에는 그 약속을 지키러 가야겠다.
도시가 반가운 표정으로 나를 알아봐줄지 기대하며 다음
교토행을 준비한다.

224

작
가
의

말

새벽 4시 30분에 집에서 아주 이른 아침을 먹고, 오후 2시
30분경 교토의 숙소 근처 식당에서 늦은 점심을 먹었다. 국가의
경계를 가볍게 넘나드는 일상의 흐름에 기분 좋은 비현실감이
들었다.

지칠 만한 회사생활이나 무료하게 반복되는 일상에 대한 회의감
같은 최소한의 구실도 없이, 그저 일 년에 한 번쯤은 어디든
떠나야 하지 않겠느냐는 발상에서 시작된 교토행이었다.
이곳에서 나는 내 취향의 공간들을 수도 없이 발견하고
즐거워했다. 한마디로 무작정 골라잡은 교토라는 도시에 첫눈에
반해버린 것이다.

교토의 좁은 골목을 누비고 다니며 숨어 있는 작은 가게들을
발견했다. 그들은 지나가는 사람들의 시선을 붙잡으려는 지나친
노력 없이, 그저 꼿꼿하고 고요하게, 오래도록 같은 자리에서
같은 취향을 가진 이들의 방문을 기다리는 듯했다. 자신의 일을

대하는 심지 굳은 태도와 주변의 가게와 풍경과 함께 거리의
분위기를 만들어나가는 사람들의 모습에서 교토라는 도시가
오랜 세월에 걸쳐 전하는 이야기를 들을 수 있었다.

교토와의 첫 만남 이후 사람들을 만날 때마다 이 매력적인
도시에 대해 이야기하고 다녔다. 말만으로는 부족해 나에게
남겨진 도시의 잔상을 하나씩 더듬으며 그려나갔다. 신기하게도
교토에 다녀온 사람들의 이야기나 내 그림에 공감해준 '교토
경험자들'의 도시 감상을 들어보면 마치 내 일기를 들여다본
것은 아닐까 할 정도로 나의 감상과 겹치는 지점이 많았다.
나 말고도 교토라는 오래된 도시의 알 수 없는 매력에 빠져
틈만 나면 교토에 갈 기회를 노리는 이들이 도처에 숨어 있음이
분명했다.

교토의 장면과 순간을 하나의 덩어리로 엮으면서 비로소 교토를
'나의 도시'로 수집할 수 있었고, 좀 더 많은 사람들에게 그

이야기를 나눌 기회를 얻게 되었다.

'이 가게가 좋다' '여기 가보면 좋을 것이다'라는 제안을 하고
싶지는 않다. 취향은 지극히 개인적인 것이어서 내게 좋았던
장소가 모두에게 좋을 수는 없다. 다만 걷는 속도가 가장
어울리는 이 도시에서 계획은 조금만, 의도는 다분히, 우연은
적절히 버무려진 시간을 보내며 자신만의 취향으로 가득한 골목
지도를 만들어보기를 바란다.

교토라는 도시 곳곳에 뿌려진, 아직 그 누구도 발견하지 못한
수많은 즐거움을 자신의 두 발로 뚜벅뚜벅 천천히 걸으며
찾아보시길.

당신에게 조심스럽게 교토를 권합니다.

이희은

PHILOSOPHY CAFE

LADER

WALDER

BROWN

NAKAMURA GENERAL STORE

1·1 0 1·

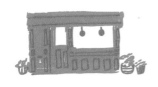

THE WRITING SHOP

イノダコーヒ 本店

ARTS & SCIENCE & GALERIE TAZAWA

INODA COFFEE SHOP

, Z A

D&DEPARTMENT KYOTO

교
토
수
집

초판 1쇄 인쇄 2019년 6월 21일
초판 1쇄 발행 2019년 6월 28일

글, 그림 이희은(heeeunlee)

펴낸이 윤동희

편집 김민채 황유정
디자인 석윤이
제작처 교보피앤비

펴낸곳 (주)북노마드
출판등록 2011년 12월 28일 제406-2011-000152호

a. 08012 서울특별시 양천구 목동서로 280 1층 102호
t. 02-322-2905
f. 02-326-2905
m. booknomad@naver.com

ISBN 979-11-86561-62-1 03910

www.booknomad.co.kr   @booknomadbooks

북노마드